Cuenta conmigo

cuenta con
EXTRATERRESTRES

William Anthony

traducido por Diana Osorio

Gareth Stevens
PUBLISHING

Please visit our website, www.garethstevens.com.
For a free color catalog of all our high-quality books,
call toll free 1-800-542-2595 or fax 1-877-542-2596.

Cataloging-in-Publication Data

Names: Anthony, William, author. | Li, Amy, illustrator.
Title: Cuenta con extraterrestres / by William Anthony, illustrated by
Amy Li.
Description: New York : Gareth Stevens, 2023. | Series: Cuenta conmigo
Identifiers: ISBN 9781538281864 (pbk.) | ISBN 9781538281888 (library
bound) | ISBN 9781538281871 (6 pack) | ISBN 9781538281895 (ebook)
Subjects: LCSH: Counting--Juvenile literature. | Extraterrestrial beings--
Juvenile literature.
Classification: LCC QA113.A68 2023 | DDC 513.2'11--dc23

Published in 2023 by
Gareth Stevens Publishing
29 East 21st Sreet
New York, NY 10010

© 2021 Booklife Publishing
This edition is published by arrangement with Booklife
Publishing

Translated by: Diana Osorio
Editor, English: Emilie Dufresne
Editor, Spanish: Diana Osorio
Illustrated by: Amy Li

Printed in the United States of America

CPSIA compliance information: Batch #CSGS23: For further information contact Gareth Stevens,
New York, New York at 1-800-542-2595.

Find us on

Créditos fotográficos

Images are courtesy of Shutterstock.com. With thanks to Getty Images,
Thinkstock Photo and iStockphoto.
Recurring images — Owens Graphic Studio (stars and sparkles),
Vector Tradition (number pattern), RODINA OLENA (carpet pattern),
Tarikia (electricity in generator). Cover — Art1993, p1 — Art1993,
p9 — Pretty Vectors, p10 — Pretty Vectors, p12 — Pretty Vectors,
Viktorija Reuta, p20 — Pretty Vectors, Viktorija Reuta, Spaca Trurtel.

A Nina le gusta crear extraterrestres.

Sus extraterrestres
no siempre salen
según lo planeado.

Este extraterrestre

tiene

1 ojo.

5

Nina lo intenta de nuevo.

Este extraterrestre tiene 2 ojos,

¡pero están en 2 cabezas!

Dios mío, Nina.

Inténtalo de nuevo!

¡La cabeza está bien!

Pero ahora hay 3 bocas

¿3 bocas? no me parece bien.

¡Inténtalo de nuevo!

Ahora hay 4 bocas.

y también 4 manos. ¡No!

¡Todo está saliendo mal!
Nina necesita un nuevo plan.

¡Ahora el extraterrestre tiene 5 narices!

¿Puedes contarlas?

¡Ay! Nina verifica su plan.

¿Puedes contar cuántas piernas hay?

¡6 piernas!

Nina lo introduce en el sistema.

1 2 3

4 5 6

7 8

6 piernas – ¡si!

Pero **7** oidos. ¡Grr!

17

Vamos, Nina.

¡Lo puedes lograr!

¡click!

18

Oops. ¡Esos son muchos dedos
de los pies!
¿Puedes contar cuántos dedos
de los pies hay?

1
2
3
4
5
6
7
8

Esto no va por un buen camino.
¿Qué es lo que está mal?

¡Boing!

¡Falta un número!

¿Puedes contar hasta
el número que hace falta?

1   2   3

4   5   6

7   8

El número 9 estaba haciendo falta.
¡Un último intento!

¡Bien hecho, Nina!

Este extraterrestre tiene

¡10

brazos para abrazar!

¿Puedes contar con los extraterrestres?